COMPRENDRE
LA LITTÉRATURE

MIXTE
Papier issu de sources responsables
Paper from responsible sources
FSC® C105338

EDGAR ALLAN POE

Histoires extraordinaires

Étude de l'oeuvre

© Comprendre la littérature.

22 rue Gabrielle Josserand - 93500 Pantin.

ISBN 978-2-75930-491-2

Dépôt légal : Septembre 2023

Impression Books on Demand GmbH

In de Tarpen 42

22848 Norderstedt, Allemagne

SOMMAIRE

- Biographie de Edgar Allan Poe 9

- Présentation des *Histoires extraordinaires* 15

- Résumé du recueil 19

- Les raisons du succès 37

- Les thèmes principaux 41

- Étude du mouvement littéraire 47

- Dans la même collection 53

BIOGRAPHIE DE
EDGAR ALLAN POE

Edgar Allan Poe est né le 19 janvier 1809 à Boston de parents tous deux comédiens. Son frère décède de la tuberculose à l'âge de 24 ans et sa sœur aînée est handicapée mentale. Il ne connaîtra pas ses parents, car ils meurent de la tuberculose successivement en 1810 et 1811.

Edgar est adopté par les Allan qui s'installent un temps à Liverpool où Edgar découvre le charme mystérieux de l'Angleterre. Le père adoptif est négociant en tabac, mais son affaire passe du succès à la banqueroute, laissant une famille choquée par ce contraste de niveaux de vie. Cet événement fragilise Edgar et conditionne son rapport à l'argent.

Très tôt, le jeune homme se fait remarquer par ses résultats scolaires brillants. Sa conscience politique se développe rapidement, c'est un antidémocrate affirmé. En 1825, il entre à l'université de Virginie, créée depuis peu par Jefferson.

Le père décide de retirer son fils, pourtant exemplaire, de la scolarité au bout de huit mois. Edgar se met alors à boire, à jouer et donc à contracter des dettes. Il s'essaie au métier d'acteur puis s'engage en tant que soldat.

La fin de sa mission militaire coïncide avec la mort de Mrs Allan dont il est très proche. Edgar poursuit sa carrière et devient officier à West Point. Il en est expulsé en 1831 pour négligences et indiscipline. C'est le début de sa carrière littéraire et journalistique.

Lui qui a lu très jeune Byron, Moore et Coleridge, se consacre alors à l'écriture et publie en 1827 *Tamerlane et autres poèmes* signé A Bostonian.

Cependant, l'homme est instable et oscille entre éclair de génie et déséquilibre nerveux. Il se remet à boire et trouve refuge auprès de sa tante, Maria Clemm, à laquelle Baudelaire dédiera son premier recueil de traduction.

Il concourt en 1831 pour la meilleure nouvelle du *Saturday Courier* de Philadelphie. Il perd, mais le journal consent à publier cinq de ses nouvelles dont le conte *Metzengerstein*.

Il faut attendre l'année 1833 pour que l'auteur gagne un prix de cent dollars au *Baltimore Saturday Visiter* grâce à sa nouvelle *Manuscrit trouvé dans une bouteille*. Poe a maintenant ses entrées dans le monde de la presse, mais il ne souhaite pas se cantonner au rôle d'écrivain de fiction pour revues et journaux, son but constant étant de faire progresser le journalisme littéraire.

Par la suite il devient rédacteur au sein du *Southern Literary Messenger* de Richmond et y publie quelques nouvelles dont *Morella* et *Aventure d'un certain Hans Pfaal*.

Néanmoins, si les lecteurs apprécient le nouvelliste, ils aiment d'autant plus le critique. En effet, Poe excelle dans l'art de la théorie littéraire et d'autres critiques de style et de forme. Il s'affirme comme le grand défenseur de la Forme.

Hélas, le journal lui demande de quitter son poste en 1837. Il travaille ensuite à Philadelphie.

Souffrant de la solitude, il se marie en 1836 avec sa cousine, la fille de sa tante Clemm, Virginia, mais le mariage ne comble pas son instabilité. Poe souffre de plus en plus de la pauvreté, de la solitude et est obsédé par l'argent et ses dettes.

Son poème le plus célèbre, *Le corbeau*, est publié en 1845. C'est un succès populaire qui ravit les spécialistes comme un lectorat large. Poe y raconte une visite mystérieuse et mélancolique sur le thème de l'amour perdu au cours de laquelle un corbeau ré-pète inlassablement « Jamais plus ». Il s'est inspiré de *Barnaby Rudge* de Dickens, qu'il rencontre au sujet de la protection des droits d'auteurs.

À cette époque, il publie également un recueil de douze histoires dont *Le Scarabée*, *La maison Usher* et *La lettre volée*.

Il poursuit toutefois sa lutte, continue d'écrire, mais Virginia tombe malade et meurt en 1847. Poe est dévasté, vide de tout équilibre psychique. Il plonge dans l'alcool, s'empoissonne même au laudanum et multiplie les conquêtes sans lendemain.

C'est en octobre 1849 qu'on le retrouve inanimé dans une rue de Baltimore, en pleine campagne électorale. Il meurt suite à un delirium tremens.

PRÉSENTATION DES HISTOIRES EXTRAORDINAIRES

Histoires extraordinaires est un recueil de treize nouvelles traduites par Baudelaire, publié en 1856. Baudelaire a ainsi fait entrer Poe dans le panel de la littérature française. Les nouvelles rassemblées dans le recueil sont issues de publications diverses et étalées dans le temps (par exemple, *Metzengerstein* est publié en 1827 et *Manuscrit trouvé dans une bouteille* date de 1833). C'est au fil de ses collaborations dans les journaux que Poe publie ses écrits et se fait connaître comme un auteur à part, porté sur le style et la forme.

Baudelaire dédie ce recueil à la tante de l'auteur, Maria Clemm, fidèle soutien de Poe dans la tourmente.

Cet ouvrage comprend des thèmes forts liés au fantastique ou tout au moins à l'étrange. En effet, il est question de femme revenante, de double, de vie dans la mort et de déductions hors du commun. L'auteur s'intéresse également au progrès en choisissant le thème du magnétisme et du voyage en ballon. Edgar Poe s'est inspiré de faits réels ou divers pour construire ses nouvelles qui sont aujourd'hui des modèles de forme et de style. Cet ouvrage à la tonalité fantastique représente une nouvelle vision, originale et unique de ce style littéraire. Poe, en écartant les outils d'exagération tels que le vampirisme, choisit des histoires qui sortent de l'ordinaire, mais s'inscrivent dans des situations de vie quotidienne ou tout au moins dans des contextes bluffant de réalité.

Publié à titre posthume, *Les Histoires extraordinaires* connaissent un succès que dont l'auteur en mal de reconnaissance ne sera jamais témoin. Plus qu'un ensemble de nouvelles fantastiques, genre qui peine à définir ce recueil, les nouvelles de Poe se font le miroir du complexe d'infériorité de l'Amérique devant l'Europe, du Nouveau Monde face à l'Ancien. Il met en avant la peur dans son plus simple appareil. En cela, Edgar Allan Poe est un auteur résolument moderne et intemporel.

RÉSUMÉ DU RECUEIL

Double assassinat dans la rue Morgue

L'auteur-narrateur construit une réflexion sur les facultés d'analyse de l'homme en comparant le système du jeu de dames à celui des échecs. Il présente « le récit qui suit [...] comme un commentaire lumineux des propositions » précédentes.

Le protagoniste se nomme C. Auguste Dupin, jeune homme pauvre mais issu d'une très noble famille. L'action se déroule à Paris, durant le courant des saisons estivales des années 1818... Le narrateur se prend d'amitié pour Dupin qui partage son goût pour les livres rares au point de s'installer avec lui dans « une maisonnette antique et bizarre » pleines de « superstitions ». Ils vivent en reclus, coupés du monde. Dupin aime « la nuit pour l'amour de la nuit » et le narrateur s'abandonne à toute cette « bizarrerie ». « Un Dupin créateur et un Dupin analyste », ce personnage est marqué par la dualité et « une aptitude analytique particulière ». En effet, il réussit à deviner ou plutôt à déduire les pensées exactes du narrateur en suivant le fil de ses potentielles réflexions.

Les deux hommes découvrent le drame de la rue Morgue dans le journal. Une nuit, la maison du quartier St Roch est mise à sac et, suite à des cris d'effrois, on découvre les cadavres de ses deux habitantes, Mme L'Espanaye et sa fille. La fille est retrouvée dans la cheminée ; son cou porte des traces d'ongles, ce qui suggère une mort par strangulation. La mère est retrouvée la tête coupée, le visage défiguré. Les témoins on entendue deux voix, l'une parlant français et l'autre, peut-être italien, et ont décelé des mots comme « diable, sacré ». Tout Paris est affolé par cette affaire sans précédent. Le commis de banque qui a servi Mme L'Espanaye il y a quelques jours est incarcéré malgré l'absence de preuves contre lui. Dupin n'apprécie guère les méthodes plus qu'approximatives

de la police parisienne. Les deux hommes se rendent sur le
« théâtre du crime » avec une autorisation. Puis, le lendemain, Dupin convoque une personne suspecte chez lui et donne des armes au narrateur. En l'attendant, il explique comment il a compris que l'assassin s'est enfui par la fenêtre. Chose incroyable, il a même déduit que le meurtrier est un orang-outan appartenant à un marin. La personne, qui est bien un marin à l'accent parisien, est terrifié à l'idée de raconter ce qui s'est passé rue de la Morgue. Le marin a récupéré l'animal suite au décès de son maître. Placé à Paris en attendant qu'une blessure guérisse, le marin veut vendre l'orang-outang. Un jour qu'il veut le raisonner avec un fouet, l'animal s'enfuit et se réfugie chez les deux femmes. Il utilise d'abord le rasoir comme une reproduction de gestes de barbier, sans arrières pensées, mais la suite de son action, le sang, les cris le pousse dans un effroi meurtrier sans limite. Enfin, quand il découvre à la fenêtre son maître, le marin, qui le regarde avec terreur, l'animal veut cacher sa bêtise et éviter le fouet. Il cache donc la jeune fille dans la cheminée.

Toute l'histoire est dévoilée à la police, mécontente qu'on se mêle des ses affaires.

La Lettre volée

Cette seconde nouvelle est en lien avec la première. Dupin et le narrateur sont toujours à Paris, on parle encore de l'assassinat de la rue Morgue et du meurtre de Marie Roget, fait divers parisien connu de l'époque. Le préfet de police vient demander conseil à Dupin sur une affaire « bizarre », un vol dont « le voleur sait que la personne volée connaît son voleur ». Le pouvoir est au cœur de cette enquête. La lettre volée est en possession d'un ministre que le préfet a fouillé au corps. Il a également recherché scrupuleusement dans sa demeure, sans succès. Dupin lui conseille une nouvelle « perquisition » approfondie, mais le préfet lui assure qu'il ne peut rien faire de plus.

Quelques temps plus tard, il revient voir les deux amis, toujours à la recherche de ladite lettre. Soudain, Dupin lui suggère de le payer pour ses conseils. Le préfet s'exécute, prend la lettre que Dupin lui tend « dans une parfaite agonie de joie ».

En suivant l'idée d'une analyse profonde de la situation, Dupin explique que le préfet, aussi intelligent et fin soit-il, s'est cantonné à ses idées de cachette sans se mettre à la place du ministre voleur. Il a sous-estimé ce dernier en le pensant fou car poète et selon Dupin le ministre « n'a même pas essayé de [...] cacher » la lettre, car ce qui est sous nos yeux et évident échappe à la vigilance, à l'attention quand on cherche le compliqué, le caché. En effet, Dupin découvre la lettre déguisée en vieux papier sale en évidence dans le salon, dans un porte-cartes. Il fait diversion et la récupère en mettant une fausse lettre à la place qui dit : « Un dessein si funeste / S'il n'est digne d'Atrée, est digne de Thyeste », extrait de l'Atrée de Crébillon.

Le Scarabée d'or

Le narrateur explique s'être lié d'amitié avec un ancien riche protestant, William Legrand, réfugié et isolé sur l'Île de Sullivan en Caroline du Sud. Il est accompagné de son ancien esclave dévoué, Jupiter. Un soir que le narrateur rend visite à son ami, ce dernier lui parle avec grand enthousiasme d'un scarabée en or unique qu'il vient de capturer. Il lui en fait un dessin qui ressemble de trop près à une tête de mort.

L'enthousiasme laisse place à la pâleur puis à la profonde rêverie de William. Le narrateur prend congé. Un mois plus tard, Jupiter lui apporte une lettre de William qui veut lui parler d'urgence. Le serviteur insiste sur la dégradation de son maître, selon lui mordu par ce fameux scarabée.

« Son visage était d'une pâleur spectrale, et ses yeux, naturellement fort enfoncés, brillaient d'un éclat surnaturel. » Il affirme que le scarabée va le « réintégrer dans [ses] possessions de famille » et emmène le narrateur dans une expédition nocturne en lui promettant qu'à leur retour, il se soignerait et arrêterait d'être obsédé par le scarabée. Les trois hommes partent donc dans la forêt et s'arrêtent devant un énorme tulipier. William somme Jupiter de monter à l'arbre avec le scarabée. Il découvre sur une branche un crâne ; William lui demande de faire passer le scarabée par l'orbite gauche. Puis ils se mettent à creuser en vue d'un trésor. Hélas, ils restent bredouilles. William comprend ensuite que Jupiter a confondu sa gauche et sa droite, et les voilà repartis pour creuser à un autre emplacement, méthodiquement défini par William. Soudain, ils trouvent des ossements humains et un coffre rempli d'« un trésor incalculable ».

William explique cette « prodigieuse énigme ». Le soir où il a dessiné le scarabée sur un morceau de vélin sale, il a conclu que la tête de mort est apparue par proximité de la chaleur du feu de bois dans la hutte grâce sans doute à un produit chimique. Puis il a remarqué le dessin d'un chevreau et a réfléchi « aux milles rumeurs vagues relatives aux trésors enfouis quelque part […] par Kidd et ses associés ». Il lave le parchemin et découvre une série de codes qu'il réussit à déchiffrer. Il décode le lieu et l'emplacement ingénieux et précis du trésor. William était en réalité obsédé par le trésor, mais pas fou !

Le Canard au ballon

Le récit débute par un extrait du périodique le *New-York Sun* qui relate une traversée de l'Atlantique de huit personnes en ballon, du jamais vu pour l'époque. L'article comprend une description minutieuse et technique du ballon, de sa création et de l'organisation du fameux voyage. Puis l'article s'appuie sur le journal de bord ou récit de voyage écrit « de la main de M.Mason ». À l'origine, l'expédition est en route pour Paris, mais « un violent courant d'air » les malmène et soudain M. Ainsworth propose de faire cap sur l'Atlantique en profitant de ce vent. Ce dernier indique dans le journal que « l'étrange péril et la nouveauté d'une pareille aventure » l'enthousiasme comme jamais dans sa vie. Le journal fait part des petites difficultés du voyage, mais c'est sans grand problème que l'équipage aperçoit très vite la côte de la Caroline du Sud.

Aventure sans pareille d'un certain Hans Pfaall

À Rotterdam, la foule se presse avec grand étonnement pour voir un ballon dans les airs, confectionné par des « journaux crasseux ». Le narrateur précise que « c'était une énorme insulte au bon sens des bourgeois de Rotterdam ». Ils découvrent une forme « grotesque », un « bonnet de fou » avec des clochettes et un « chapeau de castor gris américain ». Le chapeau est connu, il appartient à Hans Pfaall disparu il y a cinq ans « d'une manière soudaine et inexplicable ». C'est bien lui qui pilote cet étrange ballon ! Il dépose dans une situation à comique de répétitions une lettre destinée « À leurs excellences Von Underduk et Rudabub, président et vice-président du Collège national astronomique de la ville de Rotterdam ». Le souffleur de verre a connu le succès puis la pauvreté. Devant une créance importante, un jour de désespoir, il tombe sur un ouvrage d' « astronomie spéculative » et se plonge dedans. Il emprunte beaucoup d'argent en vue de construire sa propre montgolfière qu'on appelle encore à cette époque ballon.

Lorsqu'il parvient à décoller avec son ballon, un accident le pousse hors de l'engin, suspendu par une corde, la tête en bas. Hans s'évanouit, se réveille dans les airs et réussit à se hisser dans le panier du ballon. Après cela, le sang redescend à niveau et l'angoisse le submerge.

En réalité, Hans souhaite trouver « un passage jusqu'à la Lune ». Il explique ensuite les détails techniques qui rendent possible son voyage : la vitesse, la distance et les conditions atmosphériques cohérentes avec son projet. Puis il entame la suite de son récit de voyage audacieux.

Ce que vit Hans est unique. Il subit des maux de tête violents et des saignements de nez, d'oreilles à cause de la pression atmosphérique. La chatte qui l'accompagne semble vaciller à son tour, mais c'est en réalité parce qu'elle met bas ! En revanche, les quelques pigeons accompagnateurs ne supportent pas la situation et meurent sans doute d'asphyxie. La douleur croissante oblige Hans à s'installer dans sa chambre appelée condensateur qui lui permet de créer de l'air oxygéné adéquat. Il aperçoit la terre et remarque son apparente « concavité », il délire un peu parfois, mais ne cesse de monter dans les airs.

Soudain, Hans pense à dormir, mais il doit d'abord trouver une astuce pour chronométrer son sommeil de soixante minutes, car il doit changer après cet intervalle l'air du condensateur. Un système ingénieux de cruche qui déborde sous une heure le comble dans sa recherche et il réussit à dormir par à coups. Bientôt, il ne voit plus la mer, mais de la glace à perte de vue. Les jours s'écoulent paisiblement. À trois reprises, Hans entend des craquements terrifiants à mesure qu'il s'approche de la Lune. Il suppose que la source est volcanique. Il souffre de plus en plus : « La nature humaine ne pouvait pas supporter plus longtemps une pareille intensité dans la souffrance », « une pierre météorique » passe dans son sillage et lui donne « de fortes inquiétudes ».

Le 17 avril, Hans pense que le ballon a crevé et qu'il va s'écraser sur Terre d'une minute à l'autre. Puis il réfléchit et comprend que c'est bien la Lune qu'il aperçoit sous lui ! « La plus grande partie de l'hémisphère visible » est « couverte d'innombrables montagnes volcaniques ».Soudain, il tombe sans possibilité de remonter en lâchant du lest. Il voit « des habitations lilliputiennes » et atterrit « au cœur d'une cité fantastique ».

Enfin, Hans finit sa lettre en demandant à ses créanciers d'annuler ses dettes et souhaite comme récompense rentrer chez lui. En échange, il communiquera sur tous les aspects de la Lune, de sa température changeante à ses habitants. D'ailleurs, le petit homme dans le ballon n'est autre qu'un messager de la Lune envoyé par Hans lui-même. Mais les gens de Rotterdam n'en croient rien. De nombreuses rumeurs circulent sur cette soi-disant supercherie organisée par Hans et la lettre reste donc sans suite.

Manuscrit trouvé dans une bouteille

Le narrateur est un homme solitaire loin de son pays et de sa famille. Comme le personnage de Dupin, il jouit d'une qualité d'analyse rigoureuse qui lui vaut d'être considéré comme un homme de « génie ». En 1818, il part pour l'île de Java avec une « nerveuse instabilité qui [le] hantait comme un mauvais esprit ». Il aperçoit un nuage étrange et, malgré le calme alentour, lui pèse « le parfait pressentiment d'un malheur ».

Et, en effet, le simoun s'abat sur le navire, laissant comme seuls survivants le narrateur et un vieux Suédois. Pendant cinq jours, ils tentent de survivre aux vents violents. Le sixième jour ne se lèvera pas. Les deux hommes sont recouverts d'obscurité. « Autour de nous, tout n'était qu'horreur, épaisse obscurité, un noir désert d'ébène liquide. » Le narrateur est au désespoir et est près de renoncer à la vie quand, soudain, il voit un immense navire effrayant car « il marchait toutes voiles dehors, en dépit de cette mer surnaturelle et de cette tempête effrénée ». Le petit bateau dans lequel se trouvent le narrateur et le Suédois ne résiste plus aux vagues ; les deux hommes plongent alors dans le navire inconnu. Le narrateur se cache dans une cale par intuition. Chose étrange, les jours défilent, des hommes passent à côté de sa cachette, mais personne ne veut le voir en réalité. Prisonnier, le narrateur écrit un journal qu'il glissera dans une bouteille à la mer. Impossible de définir quel est ce navire et ses occupants, vieux et décrépis. Il traîne des instruments de mathématique, parfaitement désuets.

« Nous sommes condamnés, sans doute, à côtoyer éternellement le bord de l'éternité, sans jamais faire notre plongeon définitif dans le gouffre. »

« Les hommes de l'équipage glissent çà et là comme les ombres des siècles enterrés. »

Une descente dans le Maelstrom

Le narrateur suit un « vieux homme » dans les montagnes de Norvège. Il explique qu'il n'est pas si vieux, mais que trois ans auparavant, il a vécu une expérience hors du commun qui a fait blanchir ses cheveux de « jais ». Habitué des grandes étendues, lui et ses deux frères partent pêcher un jour, dans les îles. Fins connaisseurs des lieux, ils savent comment assurer leur sécurité selon les conditions atmosphériques. Mais ce jour du 10 juillet 1918, l'équipage se fait prendre par « la plus terrible tempête qui soit jamais tombée de la calotte des cieux ». Il perd deux de ses frères. L'homme réussit à survivre. Pour cela, il s'accroche comme jamais à son bateau puis découvre que dans le tourbillon incroyable du maelström qui doit pour sûr le mener à sa perte, les éléments légers peinent à être engloutis dans les profondeurs. Il se détache alors de la barrique qu'il serre de toutes ses forces. Soudain, les vagues du tourbillon diminue et il finit projeté sur la côte et recueilli par des compagnons de pêche qui le trouvent méconnaissable.

La vérité sur le cas de M. Valdemar

Il est question de magnétisme. Le narrateur se demande s'il est possible de magnétiser « *in articulo mortis* », c'est-à-dire dans un état de mort imminente. Cette idée le pousse à contacter son ami Valdemar, un vieil homme très maigre atteint de phtisie. L'homme au « tempérament nerveux » accepte l'expérience avec un certain enthousiasme. Il accorde au narrateur de tenter de le magnétiser. Au chevet du moribond, le narrateur attend que le médecin M. Théodore L. l'accompagne et assiste son expérience en prenant des notes. « Après quelques expériences », le mourant « est dans un état de catalepsie magnétique extraordinairement parfaite ». Le narrateur questionne le mourant sur son état et ce dernier répète qu'il dort et qu'il meurt.

Soudain la physionomie du malade change laissant apparaître un état morbide qui effraie les hommes et médecin à son chevet. Pour tous, il est mort, quand soudain, un son effrayant « comme d'une très-lointaine distance ou de quelque abîme souterrain » sort de sa bouche pendant une bonne minute. En réalité, le mort tente de répondre à la question posée précédemment : « Oui, Non, j'ai dormi, et maintenant, maintenant, je suis mort. » Cet état de somnambulisme dure à peu près sept mois puis le narrateur décide de l'éveiller. Le narrateur multiplie les « passes magnétiques » quand « tout son corps, d'un seul coup, […] se déroba, s'émietta, se pourrit absolument sous mes mains […] » Reste une « abominable putréfaction ».

Révélation magnétique

Le narrateur tient pour habitude de magnétiser un de ses amis, M. Vankirk. Ce dernier souffre d'une phtisie avancée et lui demande d'opérer une nouvelle expérience magnétique tout en lui posant des questions. Dès le début de l'expérience, M. Vankirk ne semble plus souffrir. Il déclare : « L'état magnétique est assez près de la mort pour me contenter. » S'en suit un dialogue sur Dieu, l'Homme et la matière. Le sujet exprime le parallèle à faire entre l'état magnétique et la mort. Le dialogue est long et profond, métaphysique. Soudain, le narrateur voit la physionomie du somnambule changer et le réveille. « Son front était d'un froid de glace », et en effet l'homme expire : « Le somnambule, pendant la dernière partie de son discours, [lui] avait-il donc parlé du fond de la région des ombres ? »

Les souvenirs de M. Auguste Bedloe

Dans les années 1820, le narrateur s'intéresse de près à un homme étrange, M. Auguste Bedloe. Sa physionomie lui donne à la fois l'air d'un « jeune gentleman » et d'un homme d'une « centaine d'années » qui aurait les yeux « d'un corps enterré depuis longtemps ». Bedloe est malade, atteint de crises névralgiques qui ont causé son physique atypique. Il est suivi par un grand médecin, Dr. Templeton, qui est expert en remèdes magnétiques. Le malade est très réceptif et leur relation avec le magnétisme forte. Un jour, Bedloe part en forêt et ne revient que très tardivement avec grand enthousiasme. La nature vierge et la mélancolie qui en découle lui ont donné des sensations inédites. Soudain, il est saisi d'un malaise. Il entend un son de « cliquetis » puis aperçoit « un petit homme basané » qui chasse une hyène. Croyant à un rêve, il tente de se rafraîchir les idées, mais, d'un seul coup, le brouillard se dissipe et le voilà devant une plaine orientale comme tirée des *Milles et une nuits*. Il est bien sûr de ne pas rêver pourtant ! Bedloe descend dans la cité et rencontre une foule, la « populace ».

Ensuite, « un nouvel objet prend possession [de] son âme » et il meurt. Il tient la sensation de « la conscience de la mort », car il se voit mort, transpercé par une flèche à la tempe et s'envole avec la sensation d'une « pile galvanique » et de l'apesanteur.

Templeton acquiesce, ceci n'est pas un songe. Il montre une aquarelle à Bedloe, présentant la physionomie de son malade à la perfection et datée de 1780. Le sujet du portrait est un vieil ami du docteur rencontré à Calcutta et la ressemblance avec Bedloe est plus que frappante. Templeton affirme que la vision à l'instant décrite par Bedloe présente Benarès et l'insurrection qu'il a menée à Cheyte-Sing en 1780. Il a en réalité vécu la mort de l'ami du docteur.

Et Bedloe meurt peu après d'une fièvre suivie d'un violent mouvement de sang à la tête. Un souci avec la saignée, une confusion entre les sangsues et une bête venimeuse précipite sa mort. Sur son épitaphe, on peut lire son nom orthographié avec une faute : Bedlo, sans le « e » de mise. Le vieil ami de

Templeton mort en Inde s'appelait Oldeb, c'était justement Bedlo mais revenu d'entre les morts !

Morella

Le narrateur raconte son affection profonde et « très singulière » pour Morella, une femme qu'il épouse malgré l'absence d'amour à proprement parler. Leur relation et sentiments sont indéfinissables. Très éduquée, Morella sert de professeur au narrateur. L'éducation de Morella, venant de Presbourg, est teintée de lectures mystiques complètement étrangères et singulières pour le narrateur devenu son mari. C'est seulement par habitude qu'il s'adonne aux lectures de sa femme, mais le conflit entre leurs deux éducations persistent.

Au fur et à mesure, le narrateur ne supporte plus « les doigts pâles, ni le timbre profond de sa parole musicale, ni l'éclat de ses yeux mélancoliques ». Morella dépérit puis meurt en annonçant à son mari qu'elle va donner naissance à un enfant et que : « [Ses] jours seront des jours pleins de chagrins. » « Je vais mourir, cependant je vivrai », lui affirme-t-elle. En effet, une fille naît à sa mort et devient le portrait craché de sa mère en grandissant. Le narrateur souffre de fébrilité et d'angoisse, car la jeune fille possède le regard de sa mère, son ton mélancolique, bref, en tous points, elle est Morella. Son père décide enfin de la baptiser et, chose étrange, il prononce le prénom de la défunte comme nom de baptême. Dès lors : « quel être, plus que démon, convulsa les traits de mon enfant et les couvrit de teintes de la mort, quand tressaillant à ce nom à peine perceptible, elle tourna ses yeux limpides du sol vers le ciel, et, tombant prosternée sur les dalles noires de notre caveau de famille, répondit : Me voilà ! »

La jeune fille meurt et en la déposant dans le caveau de

famille, son père ne trouve aucune trace de la première défunte, Morella.

Ligeia

Le narrateur parle avec mélancolie de « celle qui n'est plus », sa femme Ligeia « au genre de beauté si singulier et si placide ». Il s'attarde ensuite à décrire la perfection des traits de la lady, digne de l'antiquité grecque et romaine, notamment ses yeux. Ce regard unique, le narrateur l'a retrouvé parmi certaines étoiles, des personnes âgées et même un passage philosophique. Ligeia, la placide, était en réalité « la proie la plus déchirée par des tumultueux vautours de la cruelle passion ». Elle tombe malade, meurt en ne cessant d'exprimer son amour pour le narrateur. Il se retire dans une abbaye, seul et en souffrance.

Accoutumé de plus en plus à l'opium, le veuf se complaît dans une folie de décoration luxueuse et en vient à épouser « lady Rowena Trevanion de Tremaine, à la blonde chevelure et aux yeux bleus ». La nouvelle femme n'aime que « médiocrement » son mari qui, lui, continue de pleurer la belle Ligeia à laquelle il ne cesse de penser. Rowena tombe malade et parle de « sons et de mouvements qui se produisaient çà et là dans la chambre de la tour ». Le mari pense à un esprit dérangé par la fièvre. Rowena finit par guérir puis retombe de plus belle dans la maladie. Elle continue à se plaindre de bruits étranges. Pour la rassurer, le mari s'approche des rideaux, prétextant le bruit des courants d'air, mais il est frappé par la sensation d'une ombre, d'un souffle. Il donne du vin à sa « femme défaillante » et aperçoit trois gouttes couleurs rubis qui tombent dans le verre. Les effets de l'opium, la maladie de sa femme et l'heure tardive lui font taire cette vision. Trois jours plus tard, Rowena meurt suite à l'aggravation brutale de sa maladie. Face au suaire, le narrateur pense à Ligeia. Soudain, il entend un sanglot à peine perceptible venant du cercueil. Il constate que les joues de Rowena ont repris des couleurs. Puis le rose disparait à nouveau. Les sanglots se répètent tout au long de la nuit. Le corps remue puis se lève dans la chambre comme un fantôme. Le mari reste sans voix. Soudain, « voilà les yeux noirs, les yeux étranges de mon amour perdu, de lady, de LADY LIGEIA ».

Metzengerstein

Il est question d'une histoire aux accents universels, de « métempsychose » et d'« horreur et [de] fatalité » dans une région hongroise. Deux familles s'opposent : les Metzengerstein et les Berlifitzing. Le jeune baron de dix-huit ans, Frederick, devient propriétaire d'un domaine très vaste. Il se comporte en « petit Caligula » et fait brûler les écuries de la famille ennemie. Pendant l'incendie, le baron se tient dans un appartement et remarque à en devenir obsédé un cheval représenté sur une tapisserie de la famille rivale. Lorsqu'il se force à tourner la tête, soudain, il regarde à nouveau la tapisserie et le cheval a « changé de position » avec « une expression énergique et humaine ». Le baron sort de cette chambre et découvre des écuyers retenant difficilement un « gigantesque cheval couleur de feu » qui n'appartient à personne et semble être sa propriété. Soudain, on lui apprend qu'une partie de tapisserie d'une pièce du château a disparu. Le baron est également informé de la mort du vieux chasseur de la famille Berlifitzing qui a péri dans les flammes de l'incendie. Depuis cette nuit-là, le baron ne sort plus, ne voit quasiment plus personne et refuse les invitations.

Son compagnon est le cheval couleur de feu auquel il voue « un attachement pervers ». Il semblerait que le cheval soit extraordinaire et véloce. Il donne le frisson à son nouveau propriétaire. Un jour de tempête, le baron sort monter de nuit le cheval. Quelques heures plus tard, le feu ravage le château. Soudain, la population aperçoit un cheval qui bondit avec impétuosité, comme défiant le feu. Il s'enfuit. Le palais continue de brûler dévoré par une flamme « sous la forme distincte d'un gigantesque cheval ».

LES RAISONS
DU SUCCÈS

De la fin du XVIIIe siècle au milieu du XIXe siècle se développe le mouvement romantique qui prône l'expérience de la solitude, l'union avec la nature, la recherche spirituelle ainsi que la lutte contre la souffrance et les oppressions. Mené de front par Hugo, le mouvement touche la littérature mais aussi la peinture avec Géricault, la musique avec Wagner ou encore la danse avec Taglioni.

Poe est l'écrivain de la forme et du style, celui qui met le genre de la nouvelle sur un piédestal grâce à la recherche de l'effet final, qui maintient le suspense jusqu'au bout. En cela, beaucoup s'accordent à dire que l'art de Poe préfigure l'émergence du roman policier. Un personnage comme Dupin, fin analyste et pourrait-on dire « mentalist » moderne reste d'actualité de nos jours.

On ne peut pas dire que Poe se soit inscrit dans les canons littéraires de son époque même s'il a jouit du succès populaire avec des nouvelles comme *Le corbeau*, *Ligeia*, ou *Le Scarabée d'or*. La vie tumultueuse de l'auteur, faite de hauts et de bas, en a fait un poète de la postérité, reconnu à titre posthume pour son génie et son modernisme littéraire. Ainsi, son influence s'avère conséquente.

Si le recueil n'a pas connu un grand succès à sa sortie, le fait que Baudelaire ait regroupé les nouvelles et les ait diffusées en France est un succès en soit et une preuve de reconnaissance. Bien avant la parution des traductions, Poe sait qu'il est connu en France. Des auteurs s'évertuent même à le copier (Brunet, Forgues).

Aux États-Unis, terre natale de l'auteur, il est aujourd'hui considéré comme un des premiers écrivains de fiction et de nouvelles. D'autres auteurs, plus familiers avec le genre du roman, connaîtront la postérité : Mark Twain avec *Les Aventures de Tom Sawyer* (1876), Herman Melville avec son célèbre *Moby Dick* ainsi que Henry James avec sa nouvelle

La Tour d'écrou en 1898. Poe a influencé de grands auteurs comme Faulkner ou Lovecraft. Il représente une influence majeure et essentielle dans toute l'histoire de la littérature du Nouveau Monde.

L'écrivain romantique américain James Russell Lowell dira de lui qu'il représente « le critique le plus exigeant, le plus philosophique et le plus intrépide » d'Amérique. Et T.S. Eliot d'ajouter qu'il est pour lui « le plus direct, le moins pédant, le moins doctoral des critiques écrivant à son époque n'importe où en Amérique ou en Angleterre ».

Malgré cette reconnaissance, il semblerait que l'art de Poe corresponde plus aux goûts de l'Europe, car aux États-Unis, il est jugé trop macabre. La personnalité de l'auteur, l'ivresse succédant à une folie de la composition et sa critique du capitalisme participent au mythe, à sa légende, mais n'avantagent pas toujours ce poète résolument moderne. En France, il est respecté par Baudelaire, qui voit en lui un parent de l'avant-garde littéraire marquée par la décadence et le refus du préétabli. *Les Histoires extraordinaires* sont en premier lieu connues et reconnues en France, alors que passée quasi inaperçues aux États-Unis. La liste des auteurs français influencé ouvertement par Poe est longue : Jules Verne qui s'intéresse bien entendu au récit de voyage de l'Américain, Hyppolite Taine, Mallarmé, Jules Barbey d'Aurevilly et jusqu'à André Breton. C'est surtout la nouvelle *Le Corbeau* qui reste gravé dans les mémoires.

LES THÈMES PRINCIPAUX

• Le personnage de Dupin et l'analyse d'une situation

Dès la première nouvelle du recueil, *Assassinat dans la rue Morgue*, Poe s'attarde longuement sur le processus de déduction et les facultés d'analyse du protagoniste. Dupin est un homme hors du commun qui réussit à regrouper les plus infimes indices et impressions dans le but de découvrir la vérité. Sans lui, difficile de comprendre que le meurtrier est un orang-outan. On retrouve Dupin dans « La lettre volée » avec le même mécanisme de récit. Un fait divers est énoncé avec son énigme, d'apparence insoluble, mais Dupin réussit le tour de force de comprendre où se trouve la lettre, car il se met complètement à la place du suspect.

Poe réussit à donner à ses nouvelles des allures de récit fantastique juste en mettant en scène les facultés hors normes d'analyse de Dupin. Par exemple, l'atmosphère devient lourde et étrange quand le narrateur s'aperçoit que Dupin réussit à lire dans ses pensées. En réalité, il réussit seulement et avec brio à recréer le cheminement de la pensée de son ami. À la manière d'un Sherlock Homes, Dupin a du génie.

• L'amour, la femme, le fantôme

Les nouvelles « Morella » et « Ligeia » représentent un topique de la littérature fantastique du XIXe siècle. Poe s'inscrit donc ici dans la tradition des récits fantastiques, comme le feront Gautier, Maupassant et bien d'autres contemporains et héritiers du genre. L'auteur narre un amour profond touché par la douleur de la perte de l'être aimé. Rien de fantastique jusque-là, l'homme, esseulé, cherche à remplacer ou à transférer ses sentiments. Au final, surgit l'apparition fantomatique de la femme tant aimée, tantôt comme une menace qui refuse qu'on la remplace (*Ligeia* d'une beauté égale à « l'éclat d'un rêve d'opium » reste le « suprême » amour), tantôt comme le prolongement d'un autre être aimé (Morella dont la fille née à la mort de sa mère « devint la parfaite ressemblance de celle qui était partie » et dans le caveau « aucune trace de la première – Morella »). La femme fait figure de louve possessive et sans pitié qui ne peut se séparer de l'amour même dans la mort. La figure féminine est effrayante d'étrangeté, elle est hors norme de son vivant et destructrice dans la mort.

• Le magnétisme

Deux nouvelles se concentrent sur le thème du magnétisme : « La vérité sur le cas de M. Valdémar » et « Révélation magnétique ».

Poe décrit une expérience avec un sujet et un magnétiseur. Dans *Révélation magnétique*, on lit un véritable compte-rendu d'expérience scientifique. Le dialogue entre les deux personnages cherche à faire comprendre la situation comme si le lecteur y assistait ou lisait un ouvrage officiel. Le thème du magnétisme semble toucher Poe, ce thème fait écho à l'émergence des pratiques occultes et l'intérêt de tout artiste pour la chose incomprise, donc attirante. L'époque de Poe est ainsi une époque de curiosité. D'emblée, il parle des « ténèbres du doute » qui masquent la vérité sur le magnétisme, mais ce n'est que pour mieux la dévoiler dans son récit, implacable et déroutant.

L'auteur crée une atmosphère fantastique dans « La vérité sur le cas de M. Valdémar » en utilisant les ruses du genre. Poe s'y attèle dès le titre, en promettant « la vérité », tenant en haleine le lecteur qui attend un secret puis sa révélation. Il exprime « la frissonnante horreur », « l'étrangeté extraterrestre » de la voix comme venue « de quelque abîme souterrain » et réussit à rendre palpable l'attente puis la fin pressante de l'homme magnétisé, du cobaye qui devient « une abominable putréfaction ». L'expérience scientifique se mêle à l'occulte.

ÉTUDE DU MOUVEMENT LITTÉRAIRE

Edgar Poe s'inscrit parfaitement dans une époque où les écrivains et auteurs font leur preuve à travers de nombreuses publications dans la presse. Comme Zola en France, ou encore Eugène Sue et ses romans feuilletons, Poe travaille sa plume en écrivant des nouvelles et en participant à des concours avec pour but la reconnaissance de son travail d'écrivain. En parallèle, l'auteur se révèle être un critique littéraire et esthétique de choix, qualités qui lui valent une réputation favorable.

L'écrivain de la forme, aux manuscrits à peine raturé, fait partie d'un groupe d'écrivains, non pas un mouvement, mais une mouvance, qui révèlent le sentiment d'infériorité qu'a l'Amérique face à l'Europe. Il semblerait que la présence permanente de la peur dans *Histoires extraordinaires* traduise ce sentiment. Poe ressemble en cela à Hawthorne, Faulkner, Kafka ou Melville. En Amérique, la littérature est pétrie d'histoires noires et les écrivains qui vivent de leur plume sont plus que rares. Les écrits de Poe font donc figure de précurseurs, comme un déclencheur pour beaucoup d'auteurs, de Mallarmé à Jorge Luis Borges.

Dans le contexte littéraire à tendance fantastique, on trouve Ann Radcliffe qui bénéficie d'une très bonne réputation avec ses romans gothiques, *Les Mystères de la forêt* (1791) et *Les Mystères d'Udolphe* (1794). Poe n'apprécie guère son style, trop caricatural à son goût.

Parmi les contemporains de Poe, on distingue Nathaniel Hawthorne qui, inspiré par son éducation puritaine, publie des nouvelles sous la forme de contes dont la plus célèbre reste *La Lettre écarlate* publiée en 1850.

Herman Melville, ami de Hawthorne a qui il dédicacera son *Moby Dick* (1851), fait partie des écrivains américains se rapprochant d'Edgar Allan Poe. Pratiquement oublié jusqu'à sa mort, il est ensuite redécouvert et devient une figure mondiale grâce à son style fourni et une riche imagerie.

C'est bien plus tard qu'Henry James fait découvrir sa prose sur le thème omniprésent de la relation entre Europe et Amérique. Maître du roman, il se fait connaître avec *Roderick Hudson* (1875) et, notamment, *Portrait de femme* (1881).

Poe, quant à lui, reste assez seul dans son univers de composition. Il fait ainsi partie de ses artistes ou poètes qu'on dit « maudits ». Il est un génie touché par des moments brutaux où l'alcoolisme et la paranoïa font rage. On le sent marginal, de plus en plus retiré du monde extérieur. On pense à Rimbaud, Baudelaire et la décadence du XIXe siècle. Cette personnalité aux allures de Docteur Jekyll et M. Hyde restera d'emblée dans les mémoires, alimentant les théories, les liens entre folie et génie. Solitaire, Poe n'a pas de cercles autres que celui du jeu.

Poe fait le choix de traiter dans ses nouvelles de personnages dont on sait peu de choses, souvent sans nom, sans histoire, le narrateur est un « je » qui ne se rattache à personne. L'auteur est un « anti-Balzac », qui ne se donne pas la prétention du narrateur omniscient. Les thèmes du double, de la dualité, d'un autre qui sort de son corps sont récurrents dans les écrits de Poe et de ses héritiers (de Maupassant à Faulkner). On y retrouve toute la réflexion et la tentative de catharsis dans une écriture de l'autre, bien avant le « Je est un autre » de Sartre. Les artistes sont touchés par la quête identitaire, la métaphysique. La femme, icône ambivalente, est également souvent au cœur des récits de l'époque. L'amour est fort, passionnel et souvent tragique. L'aventure, les grandes découvertes qu'on retrouvera inlassablement chez Verne sont aussi présentes chez Poe.

Plus qu'un mouvement datable et défini, à travers les œuvres de Poe se diffuse un héritage à grande échelle, traversant les frontières et les genres littéraires. Une telle influence inscrit Edgar Allan Poe comme un pilier et un précurseur, un visionnaire pourrait-on ajouter, dans l'art d'écrire la peur et ses sujets.

DANS LA MÊME COLLECTION
(par ordre alphabétique)

- **Anonyme**, *La Farce de Maître Pathelin*
- **Anouilh**, *Antigone*
- **Aragon**, *Aurélien*
- **Aragon**, *Le Paysan de Paris*
- **Austen**, *Raison et Sentiments*
- **Balzac**, *Illusions perdues*
- **Balzac**, *La Cousine Bette*
- **Balzac**, *La Femme de trente ans*
- **Balzac**, *Le Colonel Chabert*
- **Balzac**, *Le Lys dans la vallée*
- **Barbey d'Aurevilly**, *L'Ensorcelée*
- **Barbey d'Aurevilly**, *Les Diaboliques*
- **Bataille**, *Ma mère*
- **Baudelaire**, *Les Fleurs du Mal*
- **Baudelaire**, *Petits poèmes en prose*
- **Beaumarchais**, *Le Barbier de Séville*
- **Beaumarchais**, *Le Mariage de Figaro*
- **Beauvoir**, *Mémoires d'une jeune fille rangée*
- **Beckett**, *En attendant Godot*
- **Beckett**, *Fin de partie*
- **Brecht**, *La Noce*
- **Brecht**, *La Résistible ascension d'Arturo Ui*
- **Brecht**, *Mère Courage et ses enfants*
- **Breton**, *Nadja*
- **Brontë**, *Jane Eyre*
- **Camus**, *L'Étranger*
- **Carroll**, *Alice au pays des merveilles*
- **Céline**, *Mort à crédit*

- **Céline**, *Voyage au bout de la nuit*
- **Chateaubriand**, *Atala*
- **Chateaubriand**, *René*
- **Chrétien de Troyes**, *Perceval*
- **Cocteau**, *La Machine infernale*
- **Cocteau**, *Les Enfants terribles*
- **Colette**, *Le Blé en herbe*
- **Corneille**, *Le Cid*
- **Crébillon fils**, *Les Égarements du cœur et de l'esprit*
- **Defoe**, *Robinson Crusoé*
- **Dickens**, *Oliver Twist*
- **Du Bellay**, *Les Regrets*
- **Dumas**, *Henri III et sa cour*
- **Duras**, *L'Amant*
- **Duras**, *La Pluie d'été*
- **Duras**, *Un barrage contre le Pacifique*
- **Flaubert**, *Bouvard et Pécuchet*
- **Flaubert**, *L'Éducation sentimentale*
- **Flaubert**, *Madame Bovary*
- **Flaubert**, *Salammbô*
- **Gary**, *La Vie devant soi*
- **Giraudoux**, *Électre*
- **Giraudoux**, *La Guerre de Troie n'aura pas lieu*
- **Gogol**, *Le Mariage*
- **Homère**, *L'Odyssée*
- **Hugo**, *Hernani*
- **Hugo**, *Les Châtiments*
- **Hugo**, *Les Contemplations*
- **Hugo**, *Les Misérables*
- **Hugo**, *Notre-Dame de Paris*
- **Huxley**, *Le Meilleur des mondes*
- **Jaccottet**, *À la lumière d'hiver*
- **James**, *Une vie à Londres*

- **Jarry**, *Ubu roi*
- **Kafka**, *La Métamorphose*
- **Kerouac**, *Sur la route*
- **Kessel**, *Le Lion*
- **La Fayette**, *La Princesse de Clèves*
- **Le Clézio**, *Mondo et autres histoires*
- **Levi**, *Si c'est un homme*
- **London**, *Croc-Blanc*
- **Maupassant**, *Boule de suif*
- **Maupassant**, *Le Horla*
- **Maupassant**, *Une vie*
- **Molière**, *Amphitryon*
- **Molière**, *Dom Juan*
- **Molière**, *L'Avare*
- **Molière**, *Le Malade imaginaire*
- **Molière**, *Le Tartuffe*
- **Molière**, *Les Fourberies de Scapin*
- **Musset**, *Les Caprices de Marianne*
- **Musset**, *Lorenzaccio*
- **Musset**, *On ne badine pas avec l'amour*
- **Perec**, *La Disparition*
- **Perec**, *Les Choses*
- **Perrault**, *Contes*
- **Prévert**, *Paroles*
- **Prévost**, *Manon Lescaut*
- **Proust**, *À l'ombre des jeunes filles en fleurs*
- **Proust**, *Albertine disparue*
- **Proust**, *Du côté de chez Swann*
- **Proust**, *Le Côté de Guermantes*
- **Proust**, *Le Temps retrouvé*
- **Proust**, *Sodome et Gomorrhe*
- **Proust**, *Un amour de Swann*
- **Queneau**, *Exercices de style*

- **Quignard**, *Tous les matins du monde*
- **Rabelais**, *Gargantua*
- **Rabelais**, *Pantagruel*
- **Racine**, *Andromaque*
- **Racine**, *Bérénice*
- **Racine**, *Britannicus*
- **Racine**, *Phèdre*
- **Renard**, *Poil de carotte*
- **Rimbaud**, *Une saison en enfer*
- **Sagan**, *Bonjour tristesse*
- **Saint-Exupéry**, *Le Petit Prince*
- **Sarraute**, *Enfance*
- **Sarraute**, *Tropismes*
- **Sartre**, *Huis clos*
- **Sartre**, *La Nausée*
- **Senghor**, *La Belle histoire de Leuk-le-lièvre*
- **Shakespeare**, *Roméo et Juliette*
- **Steinbeck**, *Les Raisins de la colère*
- **Stendhal**, *La Chartreuse de Parme*
- **Stendhal**, *Le Rouge et le Noir*
- **Verlaine**, *Romances sans paroles*
- **Verne**, *Une ville flottante*
- **Verne**, *Voyage au centre de la Terre*
- **Vian**, *J'irai cracher sur vos tombes*
- **Vian**, *L'Arrache-cœur*
- **Vian**, *L'Écume des jours*
- **Voltaire**, *Candide*
- **Voltaire**, *Micromégas*
- **Zola**, *Au Bonheur des Dames*
- **Zola**, *Germinal*
- **Zola**, *L'Argent*
- **Zola**, *L'Assommoir*
- **Zola**, *La Bête humaine*

- **Zola**, *Nana*
- **Zola**, *Pot-Bouille*